SOY MAS QUE UN CONQUISTADOR

written by Cheya Thousand
copyright © 2023 Cheya Thousand

Dedicado a todos los niños negros y morenos que se enfrentan a grandes sentimientos. Que te veas en estas páginas.
—Cheya Thousand

Es el primer día de clases. Jireh está tan emocionada como puede estar.

"Jireh", preguntó Emmanuel. "¿Puedes caminar a clase conmigo?"

Jireh pudo ver miedo y preocupación en el rostro de Emmanuel.
"¿Por que tienes miedo? ¿Por qué caminas tan lento?"

"Me cuesta hacer nuevos amigos", explicó Emmanuel. "Nadie me habló el año pasado. Me temo que este año será igual".

Jireh tomó la mano de Emmanuel. "No tienes por qué temer. No tienes por qué tener miedo. yo siempre estoy aquí."

"Cuando empieces a sentir miedo, respira hondo y cuenta hasta diez. Exhala el miedo. Inhala y respira confianza".

"Dios no nos dio el espíritu de temor. Sacudámonos el miedo. Vas a estar bien. ¡Vas a tener un día increíble!"

C D

Jireh dejó a Emmanuel en su salón de clase.
Miró hacia atrás para verlo tomar asiento.
Emmanuel saludó y habló con algunos niños.
Ninguno de ellos se molestó en hablar.

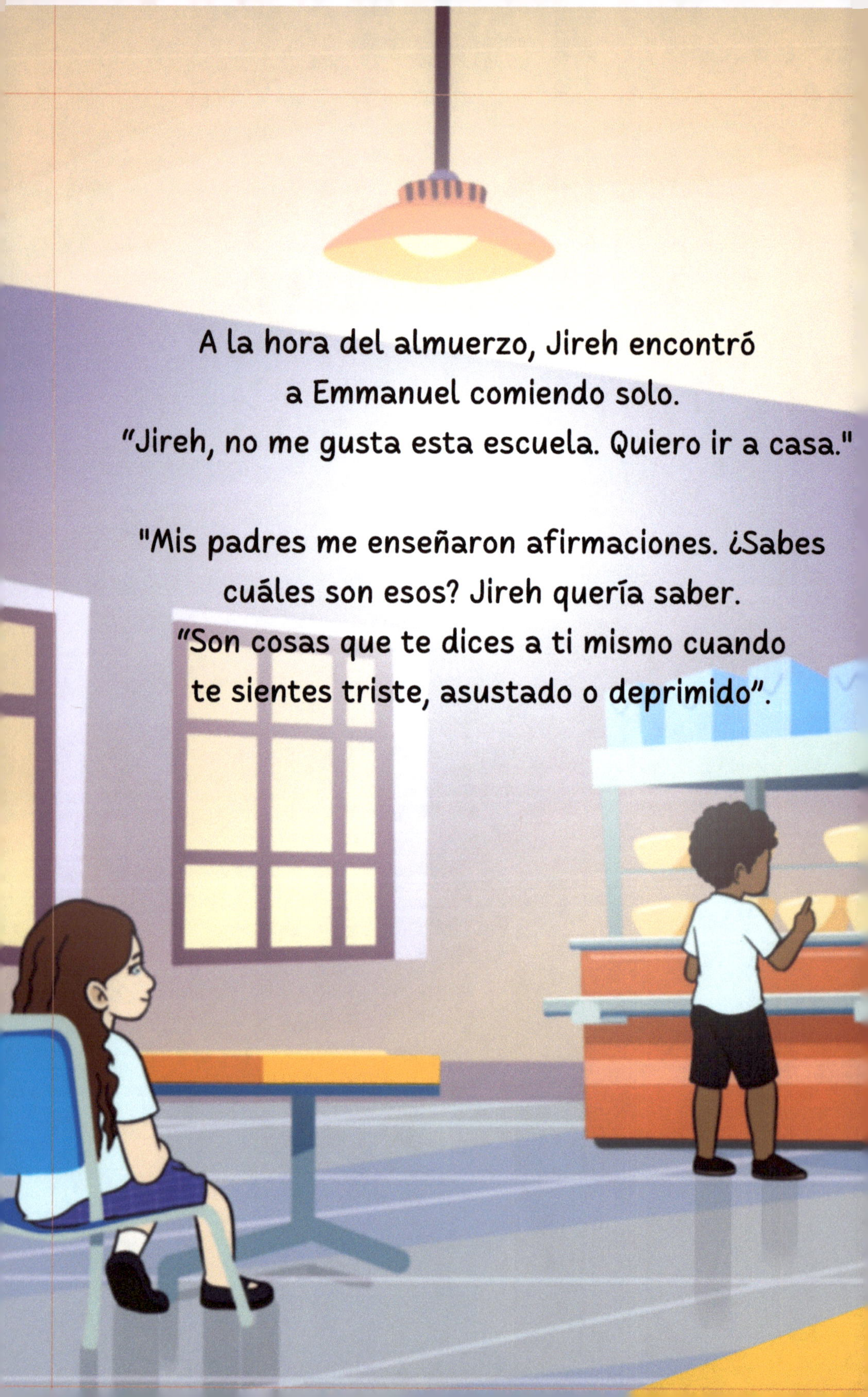

A la hora del almuerzo, Jireh encontró
a Emmanuel comiendo solo.
"Jireh, no me gusta esta escuela. Quiero ir a casa."

"Mis padres me enseñaron afirmaciones. ¿Sabes
cuáles son esos? Jireh quería saber.
"Son cosas que te dices a ti mismo cuando
te sientes triste, asustado o deprimido".

MILK

"Las hablas y te recuerdas lo increíble que eres".
"Mi mamá dice que necesitarás afirmaciones en la
vida si quieres llegar lejos".

Jireh se sentó junto a Emmanuel y le tendió la mano.
"¡Eres más que un conquistador! ¡No dejarás que el
miedo gane!"

"Eres inteligente. Eres valiente. Estás lleno de luz.
"Sé fuerte. Se valiente. Dale al miedo una pelea
justa".

Emmanuel negó con la cabeza. "A veces, no sé qué
decir. Siento que el miedo y la ansiedad siempre se
interponen en mi camino".

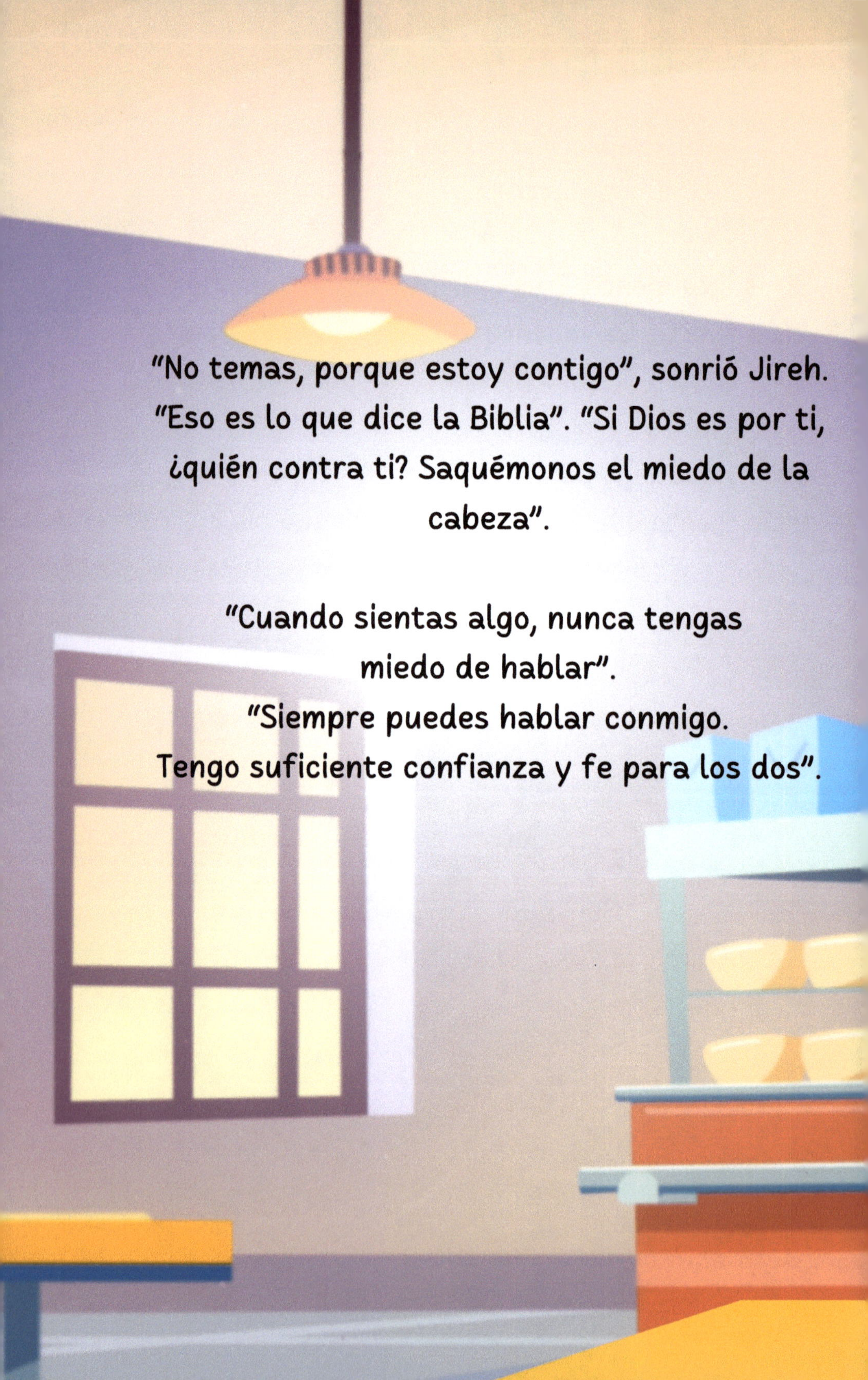
"No temas, porque estoy contigo", sonrió Jireh.
"Eso es lo que dice la Biblia". "Si Dios es por ti,
¿quién contra ti? Saquémonos el miedo de la
cabeza".

"Cuando sientas algo, nunca tengas
miedo de hablar".
"Siempre puedes hablar conmigo.
Tengo suficiente confianza y fe para los dos".

MILK

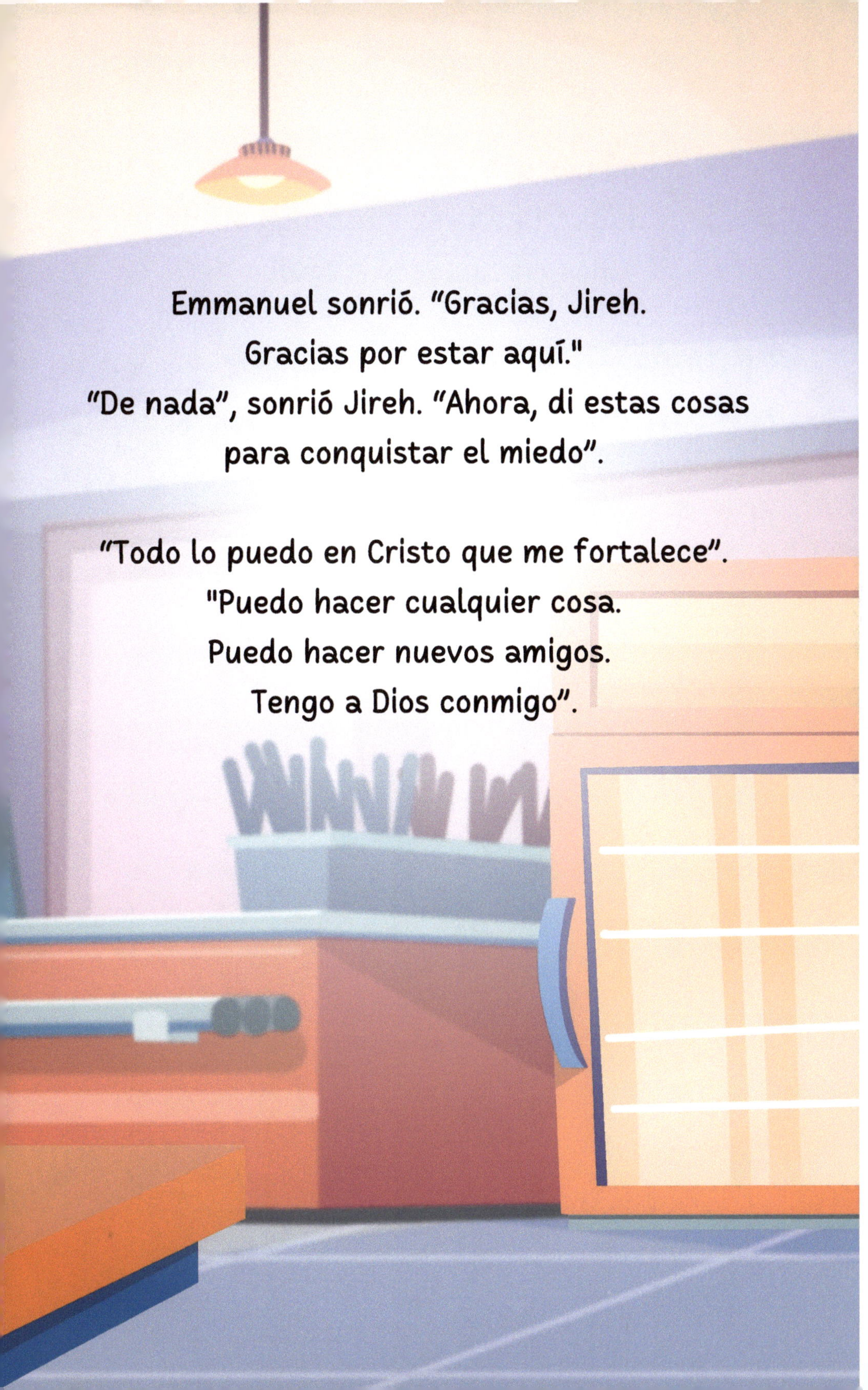

Emmanuel sonrió. "Gracias, Jireh.
Gracias por estar aquí."
"De nada", sonrió Jireh. "Ahora, di estas cosas
para conquistar el miedo".

"Todo lo puedo en Cristo que me fortalece".
"Puedo hacer cualquier cosa.
Puedo hacer nuevos amigos.
Tengo a Dios conmigo".

"No tengo por qué temer. No tengo motivos para dudar. Cada vez que tengo miedo, Dios me ayudará a resolverlo".

"Puedo lograr mis metas. Puedo lograr mis sueños."
"No hay nada que temer. Nada es tan difícil como parece".

MILK
20

MILK

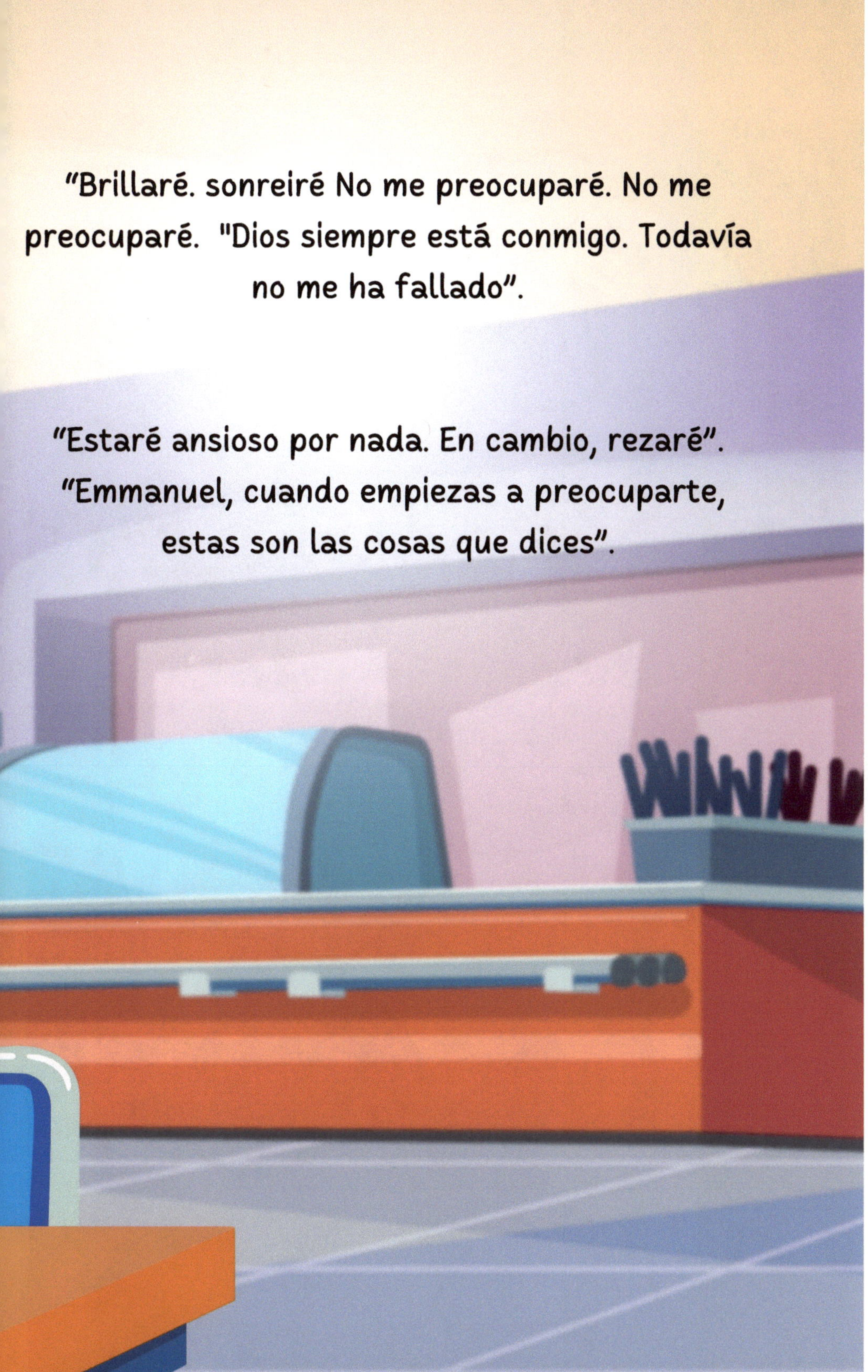

"Brillaré. sonreiré No me preocuparé. No me preocuparé. "Dios siempre está conmigo. Todavía no me ha fallado".

"Estaré ansioso por nada. En cambio, rezaré". "Emmanuel, cuando empiezas a preocuparte, estas son las cosas que dices".

"Haré solo eso. Gracias por ser mi amigo."
"Seguiré tu consejo cada vez que vuelva a tener miedo".

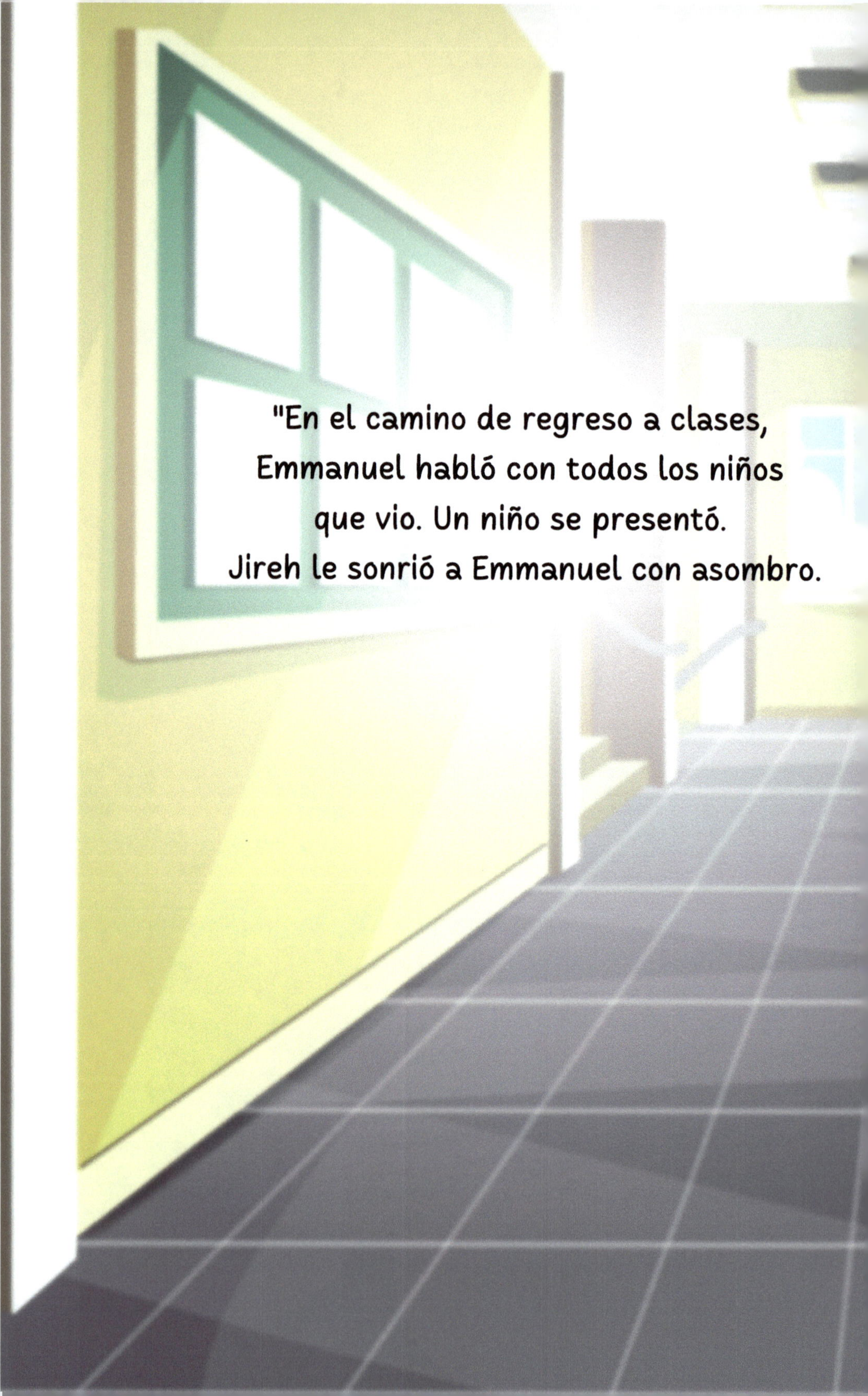

"En el camino de regreso a clases,
Emmanuel habló con todos los niños
que vio. Un niño se presentó.
Jireh le sonrió a Emmanuel con asombro.

"Soy más que un conquistador", dijo Emmanuel. "Ahora veo."
"¡Hay un pequeño guerrero valiente dentro de mí!"

EL FIN

9 7 9 8 9 8 8 1 1 7 5 1 3